Zhongguo Wenhua
Zhishi Duben

中国文化知识读本

荆楚文化

主编

金开诚

编著

于元

吉林出版集团有限责任公司

吉林文史出版社

图书在版编目（CIP）数据

荆楚文化 / 杨金秀编著. -- 长春：
吉林出版集团有限责任公司：吉林文史出版社，2009.12 （2023.4重印）
（中国文化知识读本）
ISBN 978-7-5463-1971-1

Ⅰ. ①荆… Ⅱ. ①杨… Ⅲ. ①文化史－湖北省 Ⅳ.
①K296.3

中国版本图书馆CIP数据核字(2009)第236934号

荆楚文化

JING CHU WENHUA

主编/ 金开诚 编著/杨金秀

项目负责/崔博华 责任编辑/曹 恒 于 涉

责任校对/王 非 装帧设计/曹 恒

出版发行/吉林出版集团有限责任公司 吉林文史出版社

地址/长春市福祉大路5788号 邮编/130000

印刷/天津市天玺印务有限公司

版次/2009年12月第1版 印次/2023年4月第4次印刷

开本/660mm×915mm 1/16

印张/8 字数/30千

书号/ISBN 978-7-5463-1971-1

定价/34.80元

前 言

　　文化是一种社会现象，是人类物质文明和精神文明有机融合的产物；同时又是一种历史现象，是社会的历史沉积。当今世界，随着经济全球化进程的加快，人们也越来越重视本民族的文化。我们只有加强对本民族文化的继承和创新，才能更好地弘扬民族精神，增强民族凝聚力。历史经验告诉我们，任何一个民族要想屹立于世界民族之林，必须具有自尊、自信、自强的民族意识。文化是维系一个民族生存和发展的强大动力。一个民族的存在依赖文化，文化的解体就是一个民族的消亡。

　　随着我国综合国力的日益强大，广大民众对重塑民族自尊心和自豪感的愿望日益迫切。作为民族大家庭中的一员，将源远流长、博大精深的中国文化继承并传播给广大群众，特别是青年一代，是我们出版人义不容辞的责任。

　　本套丛书是由吉林文史出版社和吉林出版集团有限责任公司组织国内知名专家学者编写的一套旨在传播中华五千年优秀传统文化，提高全民文化修养的大型知识读本。该书在深入挖掘和整理中华优秀传统文化成果的同时，结合社会发展，注入了时代精神。书中优美生动的文字、简明通俗的语言、图文并茂的形式，把中国文化中的物态文化、制度文化、行为文化、精神文化等知识要点全面展示给读者。点点滴滴的文化知识仿佛颗颗繁星，组成了灿烂辉煌的中国文化的天穹。

　　希望本书能为弘扬中华五千年优秀传统文化、增强各民族团结、构建社会主义和谐社会尽一份绵薄之力，也坚信我们的中华民族一定能够早日实现伟大复兴！

目录

一、略谈荆楚

美丽的荆山

荆地为九州之一。《尚书·禹贡》："荆及衡阳惟荆州。"这是说荆山和衡阳之间是荆州。

楚国地当荆州，因此也称荆楚。其地以今湖北全境和湖南北部为中心，包括周边一些地区。楚国先祖是古帝颛顼高阳氏。高阳是黄帝的孙子，昌意的儿子。颛顼第五代后人吴回担任古帝高辛氏的火正，也称祝融。

吴回的部落分布在朝歌之南，地当今天河南新郑一带。吴回之子陆终生有六个儿子，幼子叫季连，芈姓，是楚国的先祖。楚族出自黄帝和颛顼，楚族的直系祖先则是季连。

楚人的先祖从帝喾起一直担任火正要职。后来，商汤崛起，发兵灭了夏朝，国人分崩离析，开始四处流落。于是，季连部离开故地新郑一带向南迁徙，辗转来到丹水、淅水一带，并沿着随枣走廊直抵长江北岸。

南迁的季连部渐渐与原荆楚地区的先民相互融合，形成一支号称"荆楚"的民族。这一民族为后来的大一统中国和伟大的中华民族作出了巨大的贡献。

周文王时，季连的后人鬻熊投靠周文王，参加了灭商之战，受到周王室的重视，被周文王尊为老师，类似于姜子牙。

湖北柴埠溪风光

略谈荆楚

奇异的荆楚风光

鬻熊是楚国的最早缔造者。楚人感念其功德，把他与祝融一样作为祖先祭祀。

鬻熊的曾孙熊绎，在周成王时被封为楚子，居丹阳。"楚子"即"楚地的子爵"，当时已实行"公、侯、伯、子、男"的班爵制度了。"丹阳"位

湖北丹江口水库古时被称
作"丹阳"

于丹水和淅水交汇之处，地当今湖北省丹
江口水库，因处丹水之北，故称丹阳。古
时山之南为阳，而水之北也为阳。

熊绎及其后代在江汉流域开发山林，
艰苦创业，寻求内部稳定和对外发展。

东周平王三十一年（公元前740年），
楚子熊通自立为楚武王，宣告了一个南方

风景如画的湖北山区

今日的武汉已经成为一座繁华的大都市

大国的崛起。

楚武王之子楚文王建都于郢，兼并了江汉一带的小国，国势更加强大了。

楚文王之子楚成王即位时，楚地方圆千里，威震诸侯，周天子特地向楚王"赐胙"，要求楚国镇抚南方，勿侵中国。

至此，楚国作为南方大国的地位终于确立了。

二、荆楚先民文化

大溪文化遗址

在季连南迁之前，荆楚地区原居民曾为创造本地文明作出过重大的贡献。早在二三十万年前，荆楚大地就留下了先民的足迹。

1992年底，在江陵荆州镇郢北村发现了距今约五万年左右的旧石器时代文化遗址，出土了数以万计的砍砑器、刮削器等石器。

继旧石器时代之后，江汉地区又先后发现了千余处新石器时代文化遗址，反映了氏族制社会先民创造的原始文化。

大溪文化距今约六千年左右，因最早发现于四川巫山大溪而得名，相当于新石器时代前期。其分布范围西起巫山，东至湖北监利，北至汉水东北岸，南至洞庭湖北岸，属母系氏族公社阶段。

大溪文化遗址出土了大量陶器，有红陶、黑陶、灰陶、白陶等。其中公安王家岗遗址出土的瓮，壁厚而坚实，容量大，既可盛食物，又可盛水。器壁纹饰上颇具特色：表面先施一层红色陶衣，然后以黑彩绘上古朴生动的水波纹、人字纹、指印纹、平行线纹、戳印纹、刻印纹等纹样。

距今五千年左右，江汉地区先民与黄河流域、长江下游等地先民相继建立了父系氏族公社，相当于新石器时代后期。

楚地这一时期文化因最早在京山屈家岭

大溪文化遗址出土的陶器

荆楚先民文化

发现而被称为屈家岭文化，是承袭大溪文化而来的。其分布范围东至黄冈以西，西至三峡，北至河南南部，南至洞庭湖北岸，中心地区在汉水中游的京山、钟祥、天门等地和涢水流域一带。

早期屈家岭文化以黑陶为主，松滋桂花树出土了细颈壶、瓶形壶、小口罐、瓦棱纹罐等，其中瓦棱纹罐为灰色，纹路清晰，容量较大，美观实用。钟祥六合出土的高圈足豆为黑色，圈足从上至下有整齐的小孔，美观大方。

晚期屈家岭文化陶器以灰色为主，主要器形有直颈鼓腹壶、双腹碗、瓮、盆等，各具特色。钟祥六合出土的罐有大、中、小之分，陶瓮腹

荆楚地区出土的黑陶

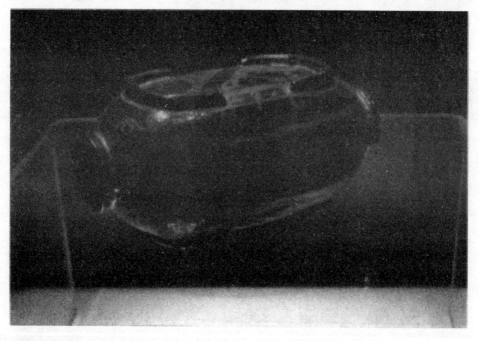

荆楚文化

大口小，陶盆口大腹深，陶鼎带盖密封。

这时，楚地先民已经开始采用快轮制陶法了。

天门邓家湾出土的蛋壳彩陶杯薄如蛋壳，轻巧美观，代表了制陶的最高水平。

江汉地区出土的陶纺轮形体轻巧，彩绘鲜艳，图案以漩涡纹、编织纹、太极图纹为主。纺轮大小不一，说明这时手工纺织的纱和布已有粗细之分了。

从公元前 4600 年至公元前 4000 年前，江汉地区在屈家岭文化的基础上发展成为具有龙山文化特征的新石器时代文化序列，被称为湖北龙山文化。因为在天门石家河出土

荆楚地区出土的彩绘牛马鸟纹漆扁壶

的器物最多，所以又被称为石家河文化。其分布范围东至鄂东，西至鄂西，北至豫南，南至洞庭湖，与大溪文化、屈家岭文化的分布范围大致相当。

石家河文化以灰白陶和黄白陶为主，器形复杂，许多大型器物为前所未见。如天门邓家湾出土的大型方格纹缸，可以盛粮食或水。还出土了大陶瓮，是埋葬婴儿和成人尸骨的瓮罐。瓮罐埋葬法与平原地区多湖泊沼泽有关。

天门邓家湾还出土了丰富多彩的陶塑人物和动物。人物造型生动，神态各异。动物有象、羊、鸡、鸟、狗、龟、兔等十多种，造型有人狗相戏、鸟栖狗背等，生趣盎然，反映了先民

石家河文化代表作—玉虎头像

熟练的雕塑技巧，展示了人与自然的和谐统一。其中有长鼻子的大象、竖起双耳的兔子、卷曲双角的羊、勾着嘴的鹰，各具特点，生动传神。所有这些陶塑是我国原始艺术的结晶，说明荆楚大地先民的审美能力已经很高了。

石家河文化最引人注目的是在瓮棺中发现的稀世珍品——玉雕。

精美的玉雕选用黄褐色、灰白色和青灰色等软玉作玉料，除雕刻成管、坠、璧、珠、璜、环等装饰品外，还有人头和各种动物形状的玉器。人头戴帽，耳下垂环。动物有飞鸟、跃鱼、鸣蝉等，造型简洁逼真。玉虎头双目圆睁，两

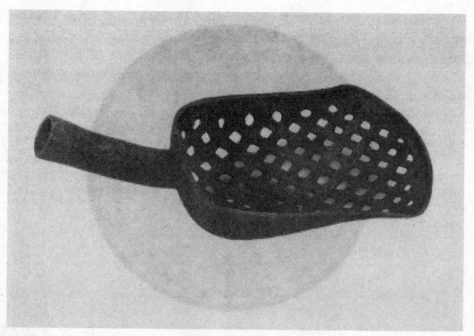
荆楚地区出土的古代铁器

耳直竖，机敏威严。玉蝉双目外凸，双尾分叉，灵巧高雅。玉鹰展翅飞翔，威武凶猛。这些玉雕大多有小孔，可以佩带，既是装饰器物，也是礼器。楚地多玉，有悠久的玉雕历史，后来闻名天下的和氏璧即出自荆楚大地。

上述出土石器除大溪文化有一些打制石器外，其他文化遗址均以磨制石器为主，既有大型的木柄石锄、石斧、石铲，还有精巧的刀、凿等小型工具。

松滋桂花树、公安王家岗、京山屈家岭等遗址出土了大量的含有稻谷的陶片和谷灰渣，说明当时荆楚大地的原始农业是以种植水稻为

荆楚地区出土的铜镜

主的。各处遗址还出土了猪牙、牛角、兽角、鱼骨、网坠、箭簇等，说明原始畜牧业已经发展起来。

大溪文化、屈家岭文化和石家河文化说明荆楚大地自古以来就有先民在此辛勤开发，并创造了原始文明，为后来璀璨的荆楚文化奠定了基础。

三、荆楚物质文化

物质文化包括农业、手工业等。

（一）农业

楚人从周初到春秋初年，居荆山一带，农业生产仍处于刀耕火种阶段，以种粟为主。

辽阔的江汉平原

楚武王以后，楚国向南、向东开拓，逐渐占据江汉流域，向当地居民学会火耕水耨，掌握了植稻的生产技术。先民烧荒是很普遍的，无论种粟植稻，都要先烧草作为肥料，这就是"火耕"。"水耨"指将杂草沤于水中，可作肥料，保证水稻生长。江汉平原农业先进，屈家岭、石家河文化遗址中均有稻壳出土。楚人占据江汉平原后，向土著学习，农业生产以水稻为主，耕作水平也提高了。

生产工具是农业生产发展的重要标志，铜镰的出现说明农作物产量大为提高了。

春秋时期楚国青铜器冶炼业已很发达，除了制造礼器、兵器和生活用具外，也制造出了不同用途的农业生产工具。铜镰便是其中之一。楚人的生产工具尚有锛、镰、斧、削、锥等。

春秋晚期，楚国不仅能锻造熟铁，而

且还能冶铸生铁。在冶铸铁器方面，楚人居于领先地位。楚地出土的铁器有铁削、铁剑、凹口锄、铁鼎等。

楚人铁器的使用虽然处于初期阶段，出土的铁器数量也不多，但铁器作为一种新的生产力，对开垦土地、兴修水利，导致新的生产关系的诞生起了重大的推动作用。随着铁农具的使用，牛耕这一新的耕作方式也出现了。

楚国地处水乡，水利资源丰富，随着青铜、铁农具的出现，水利灌溉事业也逐步发展起来。楚武王以后，在江汉、江淮间，挖沟开渠，为楚国水利事业和水路交通奠定了基础。

楚庄王时期，孙叔敖主持兴建了期思陂和

荆楚地区出土的文物

荆楚地区出土的文物

芍陂，其灌区在期思、雩娄周围，即今河南
固始一带。这是我国古代最早的大型水利灌
溉工程。这项工程历代不断维修利用，成为
淮南田赋之本。

楚人还普遍凿井灌田，开始使用桔槔等
先进灌溉工具。

春秋时期，楚国的水利事业是很发达的，
既能引水作池，也就是陂塘，蓄灌并用；又
能凿井灌田，就地取水。因此，楚国农业生
产突飞猛进，粮食产量大幅提高。

楚庄王三年（公元前611年），庸及群蛮
百濮反叛，在此紧急关头，楚庄王打开国家

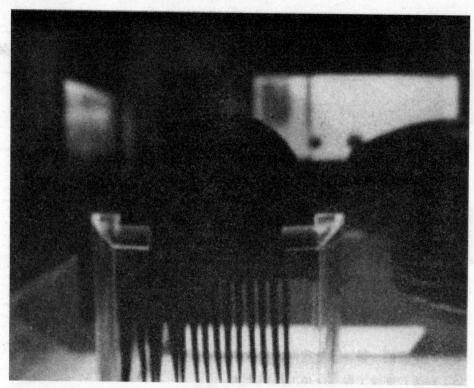

湖北江陵出土的文物

储备的粮库，保证军队食用，使平叛得以成功。楚平王七年（公元前522年），伍子胥蒙冤出奔，楚平王悬赏捉拿，按"楚国之法，得伍子胥者赏粟五万石，爵执"（《史记·伍子胥列传》）。伍子胥及至吴后，助吴王阖闾攻楚，公元前506年吴人入郢，"烧高府之粟，破九龙之钟"（《淮南子·俶族训》。其他如《新书·耳痹》《博物志》等亦有类似记载）。这些记载，都说明楚国粮食充足，有储藏粮食的"廪""高府"，动辄赏粮五万石，这在春秋时代各国中是十分罕见的。

同时，在江淮一带，楚国的种桑养蚕业也得到普遍发展。

楚地还出现了种植蔬菜果木的园圃，农副业和经济作物也有很大的发展。

战国时期，楚国农业又有很大的发展，铁农具开始普遍使用。从1951年到1979年，我国共出土楚国铁器58批168件。除8件属春秋晚期外，其余均属战国时期产品。出土地区遍及楚国各地，尤以湖北、湖南居多。出土的铁器除兵器、容器、手工业生产工具外，主要为铁制农具。铁制农具品种较多，有锄、耒、耜、镰等。

在江淮地区，楚国水利事业也取得了重

荆楚地区出土的升鼎

荆楚物质文化

水利的发展极大地促进了太湖地区的经济发展

大的成就。春申君黄歇在其封地内兴修水利，继承了孙叔敖筑陂的方法，将无锡湖整治为陂，令陂渎连贯，注入太湖，灌溉良田。这对江淮地区、长江下游和太湖地区的经济开发是极为有利的。原来在淮水流域修筑的芍陂继续加以修筑和利用，可灌溉良田数万顷，对江淮地区经济的发展发挥了重大的作用。

楚国后期为了避秦，向东迁都到寿春，就是凭着芍陂带来的充足粮食与秦军对抗的。

随着铁农具的使用，不断开发周边地区，楚国的耕地面积进一步扩大，使楚人得以无饥馑之患。

楚国的青铜器具有自己独特的风格

　　楚国兵多将广，马匹数以万计，需要的粮食供应数量极其巨大。由于库存粮食充盈，可支十年，稻、稷、麦、豆、麻，五谷丰收，堆积如山，因此不愁吃用。

　　由于粮食丰收，楚人喝的酒品种繁多，香气四溢。有的还将粮食加工成各色各样的点心，香甜可口。

　　楚人勤劳智慧，因而生产的粮食产量多，质量好。

　　（二）手工业

　　在农业发展的基础上，楚国的手工业也取得了很大的进步，主要体现在青铜铸造业、冶铁业、丝织业、漆器制造业等方面。

1.青铜铸造业

楚国青铜业在兼收并蓄的基础上，其青铜器冶炼、铸造、造型、纹饰等方面均有重大创新，形成了自己独特的风格。

湖北大冶铜绿山是楚国的产铜要地。该铜矿为地下开采，采取了竖井、斜井、平巷和盲井相结合的方式。为了确保安全，矿井设置了矿井支架，下面铺有木制水槽，预防土方塌崩堵塞矿井，也能避免积水造成的危害。

楚人采铜工具有竹制、木制、石制等多种生产工具，还有铜斧。

矿石取出后，楚人就地筑炉冶炼。炉为竖

湖北大冶铜绿山

湖北大冶铜绿山一景

式，包括炉基、炉缸和炉身三部分。

　　在铜绿山炼出红铜后，再运到郢都等地铸造成不同类型的青铜器。

　　春秋时期楚国生产的青铜器数量极多，出土多处，遍及湖北、河南、湖南等地。

　　如"透雕变形龙纹俎"，1978年于河南淅川下寺2号楚墓出土，此器高24厘米，长35.5厘米，宽21厘米。俎面长方形，中间略窄微凹，四足作扁平的凹槽形。

　　在铸造工艺上，楚人使用了分铸铸镶法、焊接法和失蜡法。

　　所谓铸镶，因铸件纹饰复杂，需先将其置

于铜器铸型内，然后合模浇入铜液铸成。

所谓分铸焊接，即把器身和附件分别铸成，然后用铜和锡作焊剂将其焊接起来。

所谓失蜡，即先做成蜡模，再在蜡模的外表涂以土炭混合浆，硬化后形成铸型，然后加热熔去蜡模，再灌铜汁铸成青铜器。

楚国掌握的这些铸造工艺是很先进的，从世界范围来看也是一流的。

春秋时期楚国出土的青铜器主要有礼器、乐器、生活用具、兵器和生产工具等。礼器最多的是鼎。楚国的鼎形态特殊，考古界学者称之为楚式鼎。礼器和生活用器有簋、敦、壶、盏、缶等。乐器主要是编钟，淅川下寺楚墓出土的

楚式鼎

荆楚文化

曾侯乙墓出土的编钟

编钟多达 52 件。青铜兵器数量多，制作精细，有戈、剑、矛、戟、钺、匕首、镞等。

楚国铜器纹饰大致和中原各国相同，但更加细致，具有独特之处。纹饰主要有龙凤纹、蟠螭纹、蟠虺纹、窃曲纹、饕餮纹、云雷纹、鸟纹、圆涡纹等。

战国时期，楚国青铜铸造业继续向前发展。除铜绿山外，湖南长沙铜官山、麻阳九曲湾等地也是重要的产铜和开采基地。楚国铜矿多，为青铜铸造业提供了丰富的原料。

郢都是重要的青铜器铸造基地，规模大，人手多，是楚国传统的青铜器铸造场所。

曾侯乙编钟

战国时期楚国青铜器以湖北随州曾侯乙墓出土的铜器为代表。

曾国早在春秋时就已成为楚的属国，在政治、经济、文化各方面都直接受到楚国的影响。其青铜器代表了楚国的青铜铸造的水平。

曾侯乙墓出土文物极多，其中各种青铜器重量达 10 吨左右，有各种礼器、容器、杂器，铸成这些青铜器需要十二吨铜、锡、铅等金属原料。

在众多青铜器中，最引人注目的是编钟。

此器按大小和音高为序编成 8 组悬于 3 层钟架上：最上层 3 组 19 件为钮钟，形体较小，

曾侯乙编钟

方形钮，有篆体铭文标注音名；中下两层 5 组共 45 件为甬钟，长柄，钟体遍饰浮雕式蟠虺纹，细密精致，共 64 枚；外加楚惠王赠送的镈钟 1 枚，位于下层甬钟中间，形体硕大，钮呈双龙蛇形，龙体卷曲，回首后顾，蛇位于龙首之上，盘绕相对，跃然欲动。器表以蟠虺装饰。

其中最大的一件甬钟，通高 1.534 米，重 203.6 公斤，是世界上最大的乐器。铸造如此巨大的器物，必须有大熔炉、高温炉和极强的鼓风设备。在铸造技艺上，使用了分范合铸和复印花纹等一系列综合技术。

此外如镏金人擎铜灯，1986 年于荆门包山 2 号墓出土。此器高 19.2 厘米，铜人高 6.9 厘米，灯盘口径 8.8 厘米。由灯盘、灯柱和铜人三部分组成。灯盘较浅，平沿内斜，斜弧壁，盘外有两周凸棱，盘中有高 1 厘米的锥状钉，用来插蜡烛或缠绕灯芯，灯盘下为上粗下细的圆形灯柱，灯柱上端有浮雕蟋蜗纹组成的花瓣状柱座，中间接口为子母口，拆卸方便。

铜人遍体镏金，造型美观。头挽右髻，发髹黑漆，宽额圆脸，浓眉大眼，直鼻小嘴，耳微外移。身着楚服，长袍及地，下摆饰错金勾连云纹。左手抚胸，右手执灯。此器工艺精湛，为战国青铜器之杰作。

精美的青铜器标志着楚国的制造业已达到相当高的水平

荆楚文化

曾侯乙墓出土的青铜器反映了战国时期楚国青铜器铸造业在浑铸、分铸、大焊、小焊、失蜡法或漏铅法、镶嵌、错金银等各项技术方面的先进水平，代表了铁器普遍应用之前先秦金属工艺的最高峰。

战国时期，随着战争的激烈程度，兵器也有重要的发展。在湖北、湖南、安徽、河南等地楚墓中出土了大量的青铜戈、剑、矛、镞等兵器。

湖南长沙扫把塘楚墓出土了一件全弩，木臂后端安装铜弩机，弩长 51.8 厘米，是我国目前所见到的最早的全弩。

曾侯乙编钟

楚国青铜兵器不但品种多，而且质量好，既坚硬又锋利，闪闪发光，已能使用防锈工艺了。

越国铸剑技术已经传到楚国来，青铜剑不只是奴隶主贵族的佩带之物，也是士兵作战的实用武器。

各地出土了一些战国时期的铜镜，其中以楚镜为最多。

楚式铜镜有圆镜、方镜两种，镜背纹饰多种多样，最突出的是"山"字形，人称"山字镜"。"山"字有三个的，五个的，也有六个的。楚式铜镜的大量出土，说明

楚式铜镜

楚人注重生活实用，并对美有了追求。

2. 冶铁业

1994 年底，湖北省老河口市区南郊春秋晚期遗址出土了 42 件铁器，有锄、镰、凿、锛、铲等。在一个春秋遗址能出土数十件铁器，让人们对楚国冶铁业有了新的认识。

炼铁技术是在炼铜技术的基础上发展起来的。楚国掌握了先进的冶铜技术，用于炼铜的竖炉，已达到当时最高的冶炼水平。

楚国有着丰富的铁矿资源，其最大的矿冶基地——湖北大冶铜绿山不仅蕴藏着丰富的铜

曾侯乙墓出土的文物

矿，也蕴藏有丰富的铁矿。

楚人将青铜冶炼技术和设施用于冶铁，设法提高炉温，很快便掌握了先进的冶铁技术。

铁作为金属元素，具有较高的熔点，纯铁全部熔化时的温度高达1537℃。如果铁中碳的含量达到4.3%时，纯铁的全部熔化也需要1100℃左右。而青铜的熔点只有800℃，纯铜的熔点也不过1083℃。

从已出土的大量楚国铁器来看，楚国的冶铁产量在当时是最高的。通过对楚国铁器的检验分析来看，楚国的冶铁技术在当时的世界也是最高的。

楚人最早炼出的铁是熟铁，即"块状铁"，是在低温的固体状态下，用木炭还原法炼成的。这种铁比较软，需要经过锻打后才能制成工具。

中国北方地区出土的春秋时期的铁制品大多是这种铁。但楚国不仅有春秋时期的熟铁锻造制品，还有生铁铸造制品。江苏省六合县曾经出土铁条和铁丸，铁条由块炼铁锻成，而铁丸则是生铁制成。这表明楚人在炼出熟铁的同时，成功地炼出了生铁。

生铁较熟铁强度大，硬度高，用途更为广泛，但需要在高温下冶炼而成。

生铁冶炼技术的发明是楚人对人类文明作出的重大贡献，西方直到 14 世纪才炼出生铁，

曾侯乙墓出土的尊盘

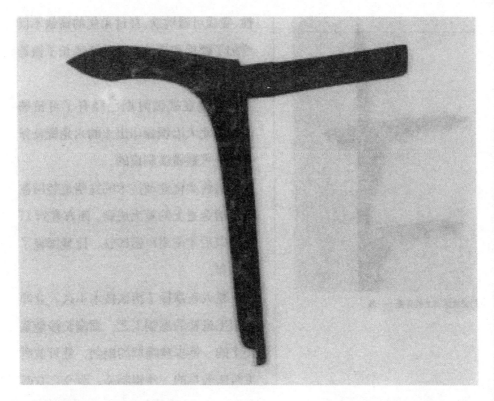

已比楚国晚了一千八百多年。

但生铁含碳高，容易断裂，因此要将它广泛地用于生产与生活，还必须经过柔化处理，也就是使它在长时间的高温加热处理中脱碳，增加其强度和韧性，变成可锻铸铁。经过柔化的铸铁不仅增加了硬度和韧性，而且还延长了铁器的使用寿命。

楚地在战国时期已经有了可锻铸铁，湖北大冶铜绿山出土的六角锄及斧头就是可锻铸铁制成的。

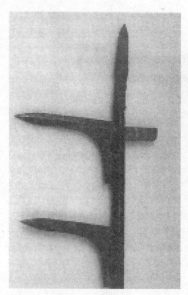
荆楚地区出土的兵器一戟

　　铸铁柔化处理技术的发明是楚国在世界冶金史上的重大成就。西方直到 17 世纪以后才使用可锻铸铁，比楚国晚了两千年。

　　楚人在掌握了冶铁技术不久，立即探索出最初的炼钢工艺。湖南长沙楚墓出土的一柄春秋晚期的钢剑，是目前所见我国最早的一件钢制品，距今已有两千五百年左右。经检验确定，这是一柄用中碳钢制成的剑，经过了高温退火处理。

　　钢是铁与碳的合金，含碳量不得高于 1.7%。出土的这把钢剑含碳量为 0.5%，其纯度不言而喻。由此可见，楚人在炼钢方面已达到很高的水平了。

　　钢剑的出土，表明楚人很早就已将块炼铁发展为块炼渗碳钢，也就是将块状铁放在炭火中加热渗碳，使其含碳量介于熟铁和生铁之间。

　　这种原始的炼钢工艺为炼钢技术的大飞跃打下了基础。

　　战国时期，楚人发明了鼓风竖炉，故能造出纯度较高的生铁，提高了铁器的质量和产量。冶铁技术提高后，各类铁制工具产量大增，犁铧用于开垦荒地，铁锸用于农田水利，铁范代替陶范用于制造生铁铸件，大大

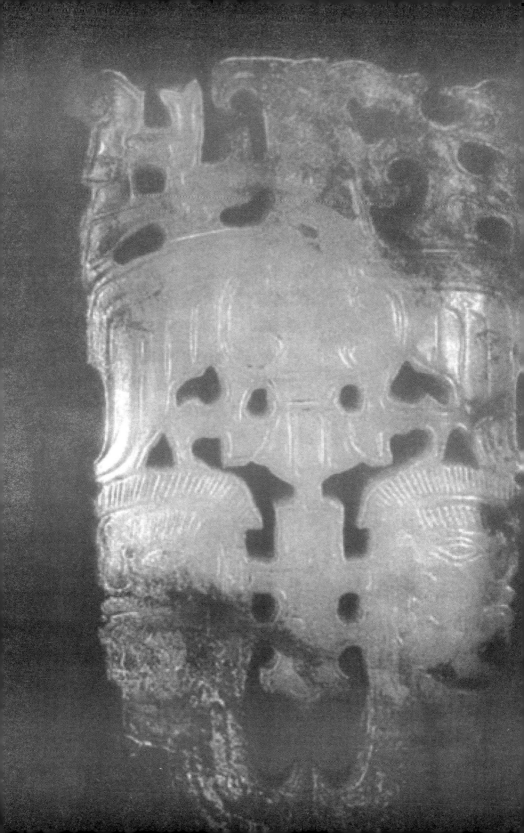

推动了农业生产的发展。

　　铁的使用在人类社会的发展史上具有划时代的意义，大大地提高了劳动效率，减轻了人们的劳动强度，推动了社会的进步。

　　考古资料证明，铁器在楚国使用广泛。出土的铁器有剑、刮刀、铁条、锄、锛、鼎、带钩、锸、锄、镰刀、斧头、匕首、戈、镞、锉、环等。

3. 丝织业

　　春秋时期，楚国的丝织业有了很大的发展，对种桑、养蚕、缫丝极为重视。

　　战国时期，楚国丝织业成就突出，成为楚国物质文化的一大特色。

荆楚地区出土的面具

楚国丝织品的主要种类有纱、縠、罗、绢、纨、缟、绨、组、缣、绮、绵、绦等，品种十分齐全，几乎包括了先秦丝织品的全部品种。纱是经纬稀疏、又轻又薄的丝织品。江陵马山1号墓出土的一件纱巾，经纬密度为每平方厘米25×16根。縠即绉纱，是用一种拈丝作经，两种不同拈向的拈丝作纬而织成的，又轻又薄，呈绉缩现象。罗即纱罗，是一种绞经网孔状织物。绢是用生丝织成的平纹织物，质地又细又薄。除白绢外，还有其他各种颜色的绢。绢可作画写字，也用作衣里、衾里、衣面、衾面和绣地。江陵马山1号墓出土的衣衾和绣品用绢

湖北江陵马山一号楚墓出土的龙凤舞华裳

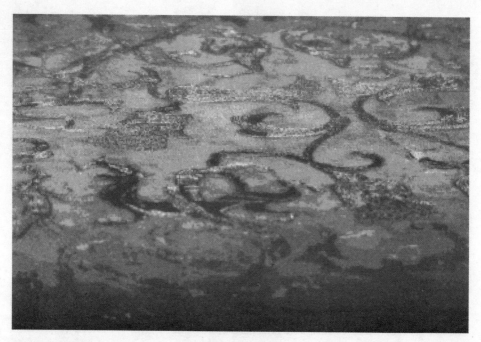

湖北荆州博物馆馆藏的龙凤虎纹
绣罗单衣（局部）

数量最大，有 55 件之多。纨即细绢，是一种细腻洁白的丝织物。缟也是绢的一种，细密素白。绨是一种厚实而光滑的丝织物，可做鞋面和长袍。组是用丝编织而成的带状织物，用作带饰或衣衾的领子和边。缣是双丝细绢。绮是有花纹的丝织品，古称"文缯"。锦是以彩色的经纬丝用平纹地组织提花织成的丝织品，以彩色大花纹为其特色。锦按经线的不同颜色可分为二色锦和三色锦，花纹多种多样，因而有"美锦"之称。绦是用丝编织的窄带，故有丝绦之称。

楚国丝织物的结构和织作方法，已经达到

曾侯乙墓出土的文物

了纺织技术的极高水平。

　　楚国丝织品质地又轻又薄。长沙左家塘44号楚墓出土的一块浅棕色络纱手帕，纺织技艺精湛，其轻薄程度相当于现代的真丝乔其纱。

　　楚国丝织品经纬密度大，如江陵马山1号墓出土的枕套，其绢面经纬密度为每平方厘米164×66根，可与现代的降落伞媲美。

　　楚锦最能反映楚国丝织技术的水平之高，在古代只有具有高级身份的人才能穿锦衣、戴锦帽、盖锦衾。锦是一种经线提花织物，其提花技术相当复杂。织造时要按设计图案，

湖北江陵马山一号战国楚
墓出土的龙凤纹绣品

用提花技术控制经线的沉浮，花纹越大技术越复杂。楚墓出土了大量的彩锦，其中以江陵马山1号墓出土的锦数量最多，不同花纹的锦有十余种，可见楚国当时已经有了先进的提花织机和熟练的织造技术。

　　楚国丝织品的色彩有红、棕、黄、紫、蓝、绿、褐、黑等色，可见其色谱已经相当完整。其中以红、棕二色为主，这与楚人崇火尚赤的风俗是一致的。仅江陵马山1号墓出土的丝织品就有朱红、深红、橘红、红棕、深棕、棕、金黄、绿黄、土黄、灰黄、钴蓝、紫红、灰白、深褐、黑等数十种色彩。

楚国丝织品的染色工艺分石染和草染两种。石染以矿物为染料，染色方法主要是涂染，常见的有孔雀石、朱砂、胡粉等，可分别染出绿色、红色和白色。这些都是楚地土产的原料。草染以植物颜料为染料，染色方法主要是揉染和浸染，草染的颜色主要有红、蓝、黄、紫、黑等。

楚国丝织品上的纹饰可分为编织和刺绣两种。

编织纹饰以丝织工艺中的提花技术为基础，由于受到施纹技术的限制，主要以几何纹为主，人物和动物题材极少。

提花丝织品的几何纹样主要有大菱形纹、小菱形纹、十字菱形纹、塔形纹等。其

曾侯乙墓内棺漆画

荆楚物质文化

楚国酒器——铜方壶

中菱形纹变化极多，奇诡有如迷宫。几何纹饰立体感很强，线条规整匀称，色彩层次清楚，有一种平衡的形式美。

丝织提花纹样中有少量的人物纹和动物纹。有的描写田猎活动的场面，有的描写长袖飘拂的歌舞人物，有的描写长尾曳地的峨冠凤鸟和姿态不同的龙，都显得意趣盎然。

在丝织业发达的基础上，刺绣品也取得了突出的成就。刺绣是用多种彩色丝线在丝织品上锁绣纹饰的一种工艺。楚国丝织品的绣线颜色有深红、橘红、棕、红棕、深棕、浅黄、金黄、土黄、黄绿、绿黄、钴蓝等十余种。刺绣图案丰富多彩，以动物、植物为主，而动物中又以龙、凤为主，反映了楚地崇拜龙凤的民风。在龙、凤主题之外，有的纹样还有虎。动物纹样伴以花草、枝蔓，展现了自然界的勃勃生机与和谐之美。凤鸟的形象绝不重复，有正面也有侧面，或昂首鸣叫，或展翅飞翔，显出凤的非凡与神异。

楚墓也出土了麻织品，证明楚人麻织业也很发达。《尚书·禹贡》："荆州厥贡丝枲。"枲就是麻，说明楚人种麻织麻的历史

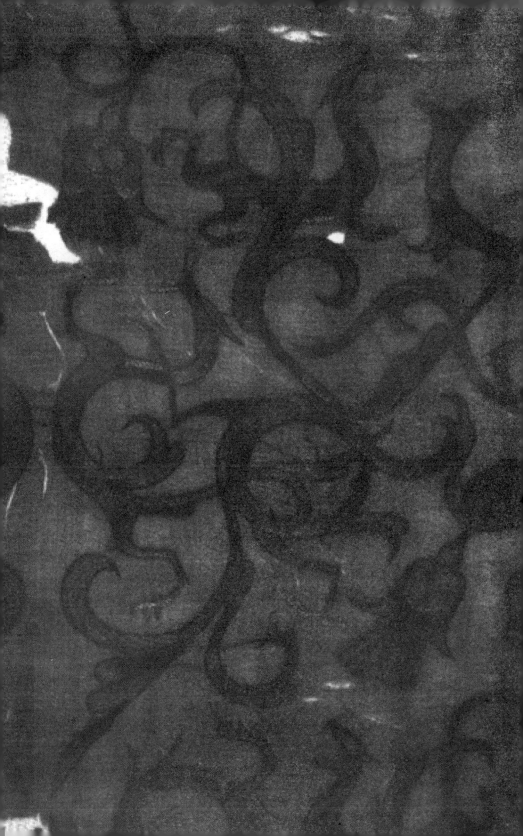

已经很悠久了。

考古发现的楚国丝织品已有几十处，湖南、河南、湖北等地都有。江陵马山 1 号楚墓出土各类衣物 35 件，其中有刺绣的衣物达 21 件。其品种之多，工艺之精为前所未有，因而被称为"丝绸宝库"。

4. 漆器制造业

漆器是社会生产力发展和物质生活水平提高的标志。

楚国漆器制作工艺精，质量好，闻名天下，成为荆楚物质文化的一大特色，反映了楚国社会经济的发展和楚人的生活水平。

漆是落叶乔木——漆树的树脂，即"生漆"，

精美绝伦的楚国漆器

与空气接触后呈褐色，可制涂料。

漆器是中国古代劳动人民的重要发明，制作工艺相当复杂，首先要制作胎体。胎体多为木质，偶尔也用陶、瓷、铜或其他材料，也有用固体漆直接刻制而不用胎体的。胎体完成后，漆匠运用多种技法对其表面进行装饰，抛光后可与瓷器媲美。漆层在潮湿的条件下自然阴干，固化后非常坚硬，富有光泽，有耐腐蚀、耐磨擦、耐酸、耐碱、耐热、隔水等特性。

楚国漆器——方豆

目前所见春秋时期出土的楚国漆器有6件，包括漆瑟、耳杯、卮、豆，以及用黑漆镶嵌的铜鼎等。其中"对凤纹漆耳杯"把凤鸟作为耳杯的装饰纹样，比较少见。此杯底部饰有两只凤鸟，首和尾均上扬，身体弯曲，作跨步状。图案华丽，线条流畅，柔美之中洋溢着力量，堪称漆器中的珍品。

楚国漆器纹饰富丽多彩，造型生动别致，是人类物质文化史上一枝奇葩。漆器种类繁多，包括食用器具，如耳杯、盒、卮、樽、豆、盘、碗、壶、勺、俎、案等；日常生活器具，如枕、扇、梳、奁、杖、几、箱、桶、床、虎子等；乐器，如鼓、瑟、琴、笙、笛、箫、篪等；舞具如盾等；娱乐器具，

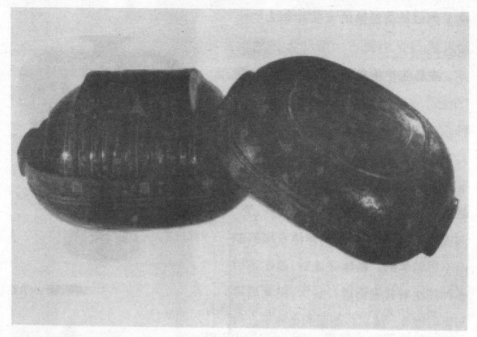

耳杯是战国时期楚国漆器的代表

如六博盘、棋盘等；工艺品，如鹿、木雕座屏、卧鹿、立鸟等；丧葬器，如镇墓兽、虎座立凤、木桶、笭床、棺等；兵器，如弓、盾、甲、箭杆、剑盒、剑鞘、戈鞘、矛鞘等。

"虎座凤鸟漆木架鼓"长 156 厘米，高 150 厘米，2000 年于湖北江陵天星观 2 号墓出土。"虎座凤鸟漆木架鼓"属于悬鼓，以两卧虎为鼓座，两凤鸟为鼓架，将鼓挂于两凤之间，悬空敲击演奏。此种以虎为座、凤鸟为架的悬鼓是楚国特有的乐器，只有楚国王室及高级贵族才能享有。凤鸟昂首屹立，仰天长啸，似在为鼓声助威。作为百兽之王的猛虎伏卧于凤鸟

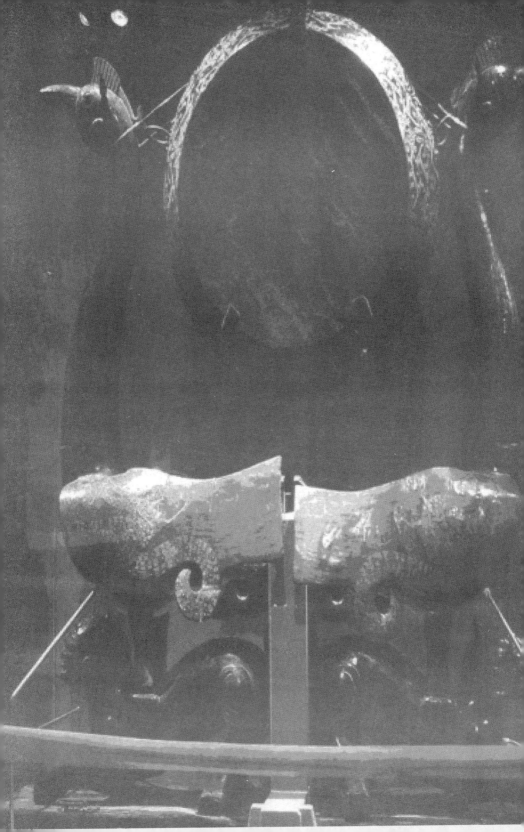

楚国漆器在中国古代文化史上占
有重要的地位

脚下，突出了凤鸣九天的威严。这种悬鼓广泛
用于祭祀、宴飨和战争，造型别致，设计巧妙，
表现出楚人绝妙的想象力和高超的艺术造诣。
此器属国家一级文物，为湖北荆州博物馆镇馆
之宝。

　　楚国漆器在中国古代文化史上占有重要的
地位，像中国陶瓷、中国丝绸一样，是我们伟
大民族引以为豪的瑰宝。

四、荆楚精神文化

（一）自然科学

春秋时期，在社会生产发展的基础上，楚国的自然科学取得了很大的进步。

楚人在天文历法方面积累了相当丰富的知识，进一步扩大了对星象范围的观察，历法也有重大的发展。

楚国既使用周正历法，也使用夏正历法。1975年，湖北云梦睡虎地出土大批秦简。其中载有秦、楚月份对照表。秦楚均以夏正十月为岁首，说明秦、楚是同用周正历法的。

对照表如下：

秦年：十月 十一月 十二月 正月 二月 三月四月 五月 六月 七月 八月 九月

荆楚地区出土的汤鼎

楚年：冬夕 屈夕 援夕 刑夷 夏尿 纺月 七月 八月 九月 十月 爨月 献马

湖北云梦睡虎地出土的木胎卷制

秦、楚两国虽然同以夏正十月为岁首，但楚国仍然袭用周正历法的特殊月名，这在春秋战国各国中是独一无二的。

楚国官方颁行夏正十月为岁首的历法，民间则采用上表中下一行的历法，这也是楚国所特有的。

楚国也以干支纪日，与中原各国是统一的。这说明夏夷文化日渐交融，在观象授时、发展农业生产上是一致的。

楚人的天文知识极其渊博，成就特别突

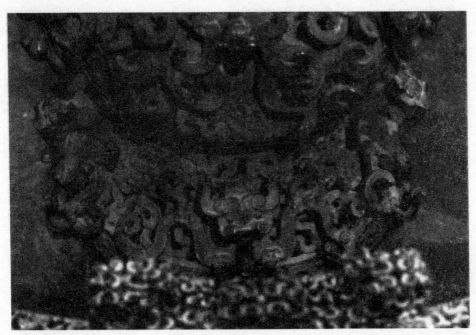

精美绝伦的青铜器（局部）

出。

　　为了对日、月和五大行星的运行及其位置作系统地观测，古人将其附近的恒星分为二十八区，称之为二十八宿。二十八宿体系的建立是中国和其他世界文明古国天文学的重大成就。

　　二十八宿分别是角、亢、氐、房、心、尾、箕、斗、牵牛、婺女、虚、危、营室、东壁、奎、娄、胃、昴、毕、觜、参、东井、舆鬼、柳、七星、张、翼、轸。

　　古代把二十八宿平均分为东西南北四组，分别用青龙、白虎、朱雀、玄武来表示，称为"四象"。

1978年，湖北随州曾侯乙墓出土了一件漆箱，箱盖上绘有二十八宿名称和青龙、白虎图案，可见楚国早在战国初期就创立了二十八宿体系。由此可知，二十八宿与四象的划分是紧密相联的，早在战国初期就广泛流传于楚国了。

　　在漆箱上所绘的二十八宿中央，写有一个巨大的"斗"字，可见楚人已经开始重视对北斗星的观测了。

　　楚人发现斗柄东指，天下皆春；斗柄南指，天下皆夏；斗柄西指，天下皆秋；斗柄北指，天下皆冬。这是楚人在天文学领域的重大发现，对农业生产有很大的帮助。

　　随着社会经济的发展，楚人在数学方面也

湖北云梦睡虎地出土的秦简

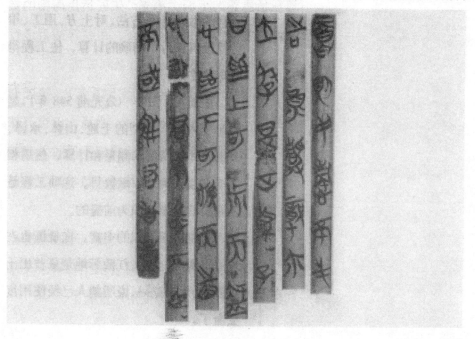

荆楚精神文化

图案精美的楚国耳杯

取得了突出的成就。

楚庄王十六年（公元前598年），令尹孙叔敖负责建造沂城。事先，工匠运用周密的数学计算方法，对土方、用工、用料等数目进行了精确地计算，使工程得以顺利完成。

楚康王十二年（公元前548年），楚国对境内不同类型的土地、山林、水泽、田亩等作了精密地测量和计算，然后根据不同收入确定军赋数目。这项工程是以渊博的数学知识为前提的。

随着数学知识的丰富，度量衡也在楚国出现了。长沙、江陵等地楚墓曾出土算筹、天平和砝码，说明楚人已经使用度量衡了。

湖北江陵出土的《算数书》代表了楚人的数学水平。这是一部数学问题集，内容包括《分乘》《增减》《相乘》《合分》等，是早于《九章算术》的一部数学著作。

楚国医药学的发展是很早的，楚墓中出土的辛夷、花椒、杜衡、佩兰等中草药在《楚辞》中也有记载。

楚地气候温暖潮湿，楚人佩带装有佩兰、香草等药物的香囊，用装有辛夷、茅香等药物的枕头，在室内用熏炉焚烧花椒等含有挥发油的香料，借以消毒、杀菌和抗病。

云梦秦简

（二）哲学

中国传统哲学的重要根基在老子和庄子，而老子和庄子都是楚国人。

老子姓李名耳，字聃，又叫老聃，是我国春秋末期的伟大思想家，距今已有两千多年之久了。

老子自幼喜欢读书，善于思考。

老子长大成人后，慈眉善目。因他博学多才，担任了周王朝的守藏室史官，也就是中央藏书机构的负责人。

在守藏室里，老子有机会阅读了大量的王室藏书，因而学问大增，知识更加渊博。

到了晚年，老子可谓学富五车，满腹经纶。他不但通晓上下古今之变，而且精通天地之道和宇宙之理，逐渐形成了自己的一套思想体系。

周敬王二十一年（公元前 499 年）二月，老子辞官归隐，从周王朝的都城洛阳回到家乡曲仁里，开始著书立说。

老子雄心勃勃，要创立一家之言，向人们揭示宇宙的真理。

每天，老子都坐在大木案旁边的木椅子上，聚精会神地从事一项神圣的事业。他要撰写一部上至天、下至地、中及人、包罗宇宙万事万物的大书。

大木案上摆着帛、刀、竹简、木札和松烟

老子塑像

墨。那时候还没有纸，只有帛、竹简和木札。那时候也没有墨，墨是用黑漆或松烟代替的。一般人写字是用笔蘸些漆写在木札上，写错了就用刀子刮去重写。老子写书时，是用笔蘸着松烟和水调成的墨，将字写在他从洛阳带回来的帛上。

老子整天聚精会神地写呀写呀，十分投入，把天下的一切事物全忘了。他要把宇宙间的真理和人世间的规律从玄而又玄中挖掘出来，揭示给人们，给人们指出一条康庄大道。

光阴似箭，日月如梭，时间一天天地过去。老子的满头白发闪着银光，双目更加炯

楚简本《老子》（局部）

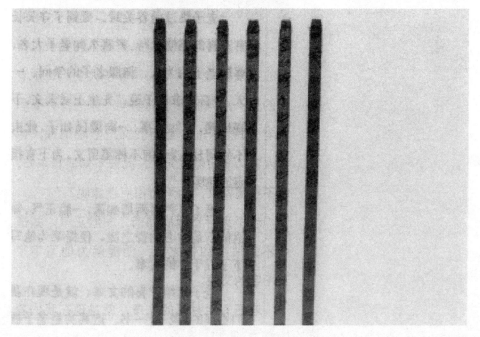

炯有神了。

八年过去了，老子经过紧张、艰苦的工作，大书终于写完了。

春秋末期，战争频繁。周敬王四十二年（公元前 478 年），老子呕心沥血写好的书稿被一场无情的战火烧成了灰烬。

老子见书稿被焚，伤心至极，一下子哭倒在地。从此，他卧床数月，奄奄一息。

转年夏季，老子才在亲人的照料下渐渐恢复了健康。

马王堆汉墓帛书老子甲（局部）

周王朝日益衰败，诸侯互相攻伐，中原即将大乱。老子怀着惆怅的心情，依依不舍地离开故乡。他骑上一头青牛，要西出函谷关，寻找一片静土，安下心来继续研究学问。

老子路过函谷关时，受到了守关长官尹喜的盛情款待。尹喜久闻老子大名，尊敬老子的为人，佩服老子的学问。一天，尹喜恳求老子说："先生上通天文，下晓地理，中知人事，一向爱民如子，此去不知何日东归，何不挥笔留文，为下官指点迷津呢？"

老子见尹喜两眉如箭，一脸正气，知道他不是沽名钓誉之徒，便提笔为他写下了五千字的文章。

老子写给尹喜的文章，就是现在我们看

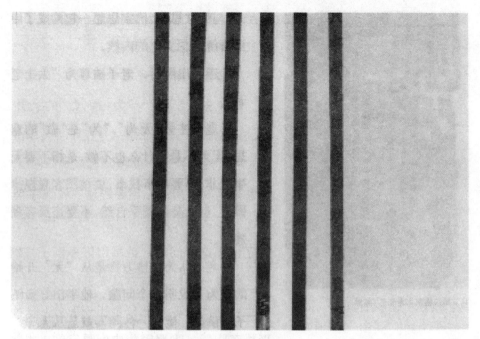

楚简本《老子》（局部）

到的《老子》一书。这其实是老子被焚书稿的提纲。老子说，他谈的道玄而又玄，宇宙的一切由之而出。

老子认为道是宇宙万物的本原，顺之者昌，逆之者亡。这反映了人们对大自然与社会规律不可抗拒力量的初步认识。

《老子》一书又称《道德经》，书中含有丰富的辩证法思想。《道德经》的国外版本有一千多种，是译本最多的中文书籍。

老子哲学与古希腊哲学一起构成了人类哲学的两个源头，老子被尊为"中国哲学之父"。

老子死后，其思想被庄子传承下来，与儒

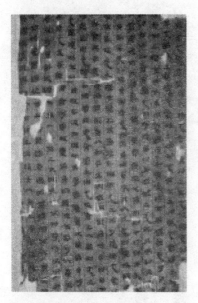

马王堆汉墓帛书老子乙（局部）

家思想、佛家思想一起构成了中国传统思想文化的内核。

道教出现后，老子被尊为"太上老君"。

老子主张"无为"，"为"是"做"的意思。无为不是指什么也不做，是指不要无事生非，不要没事找事，要按照客观规律做事，也就是要顺乎自然，不要违反客观规律。

老子认为天地万物是从"无"开始的。为了说明这个问题，他举出好多例子。例如，他说一件陶器就是从无开始的，陶工用土将空间也就是无分割出一部分，从而形成了陶器。陶器因为中间是空的，也就是无，所以才能盛东西，才称其为陶器。同理，人们用四壁和天棚将空间也就是无分割出一部分，从而形成房子，房子中间是空的，也就是无，这样才能住人，从而称其为房子。因此，陶器和房子都是从无开始的，从无产生的。推而广之，天地万物都是从无开始的。

老子还说，陶器是土做成的，对于中空的无来说，土就是有；房子是四壁和天棚合成的，对于中空的无来说，四壁和天棚也是有。因此，老子认为有是天地万物的母亲，它产生了万物。

这样，老子最后认为，是"无"和"有"共同创造了天地万物。

老子劝人要大公无私，他说天地之所以能够长久存在，是因为它不为自己而生存，所以能够长久生存。圣人退居后面，不与人争，反而领先了；圣人为国为民，将生命置之度外，反而存活下来。这是由于圣人无私。圣人无私，所以上天成全了他。这样看来，无私对他反而有利了。

老子善用比喻，他说："容器中的水已经灌满了，不如停下来，不要再灌了，免得溢出来。兵器已经打造得锋利之后，是不可能长久保持的。金玉堆满堂上，没

后人为纪念老子而修建的老君台

渡口老君台一景

有人能守得住。富贵之后骄傲起来，会给自己带来灾祸。功业完成后要及时抽身退出，这是合乎天道的。"

老子反对铺张浪费，他说："五色使人眼花缭乱，五音使人耳朵听不清优美的声音，五味使人吃伤了，跑马打猎使人狂躁不安，珍贵的货物使人去偷去抢。因此，圣人治国只求吃得饱，而不求声色之娱。"

老子关心百姓，也歌颂关心百姓的圣人。他说："困辱是不幸的，天下受到困辱时，圣人会心惊；天下的困辱解除时，圣人会惊喜。人有大患的原因，是由于人有生命。如果没有

为纪念老子很多地方都修建了
老君台

生命，还有什么祸患呢？因此，重视天下，愿意为之献出生命的，才可以把天下托付给他；热爱天下，愿意为之献出生命的，才可把天下托付给他。"他还说："圣人不为自己积聚什么东西，他拿出自己的东西帮助别人，自己反而更富有了；圣人把自己的东西拿出来分给别人，自己的东西反而更多了。自然的规律有利于万物而不加害万物，圣人的准则是为别人做事而不争名夺利。"

老子还说："踮起脚跟的人站不住，跨步前进的人走不成，单靠自己眼睛看的人看不清，自以为是的人是非不分，自我夸耀的人不能成功，自尊自大的人不能做君主。从道的角度上来说，这些好比是剩饭和赘疣，人们会厌恶，所以有道的人不会这样做。"

老子的哲学思想十分丰富，对我国古代思想文化的发展作出了重要贡献，影响深远。

庄子是著名的哲学家和文学家，是道家学派的代表人物，是老子哲学思想的继承者和发展者。

庄子是一个愤世嫉俗的人，曾做过漆园小吏，生活穷困，却不肯接受楚威王的重金聘请，在道德上是一位廉洁、正直的人。

庄子学说涵盖当时社会生活的方方面面，后世将他与老子并称为"老庄"。

元代著名书法家赵孟頫所书的老子《爐德经》

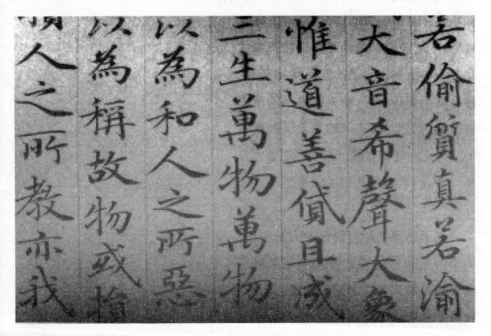

后人为纪念庄子而修建的庄子祠

　　庄子思想包含着朴素辩证法因素，主要思想是"天道"和"无为"。他认为一切事物都在变化，"道"是先天地而生的，"道"是无界限差别的。他主张"无为"，放弃一切妄为。

　　庄子还认为一切事物都是相对的，幻想一种"天地与我并生，万物与我为一"的精神境界。

　　（三）文学

　　春秋战国时期，楚国文学成就辉煌，尤以散文与诗歌为其代表。楚国散文以《庄子》为代表，楚国诗歌以屈原《离骚》为代表。

庄子祠一景

这两部能与天地共寿，能与日月齐辉的辉煌巨著给中国文学史增添了新的篇章，为中华民族留下了宝贵的精神财富。

庄子是一位博学的哲学家，思想丰富多彩，文学造诣更是出神入化。

《庄子》一书文辞生动，其中寓言占十之八九，瑰伟奇诡，变幻莫测，说理透彻，细致入微，妙趣横生，千变万化，层出不穷，耐人寻味。寓言既为喻理，所以它与譬喻手法是紧密相联的。《庄子》一书，处处设譬，与寓言相映成趣，构成全书一大特色，都贴切生动，意趣无穷。

《庄子》在语言艺术上也有它的独特风格，大多用韵，使文章声调铿锵，音韵和谐，充满了诗歌味和节奏感。

《庄子》不仅是一部哲学著作，同时也是一部有鲜明特色的散文著作。思想奔放，文笔多变，具有浓厚的浪漫主义色彩，对后世文学影响极大。如才华横溢的苏东坡读了《庄子》之后，不禁叹道："从前，我心中每有所见时，口中总是说不出来。如今，我读了《庄子》，竟能够做到心口如一了。"鲁迅曾说：《庄子》"其文则汪洋辟阖，仪态万方，晚周诸子之作，莫能先也"。

在《庄子》中，有三个故事格外引人注意。庄子为人达观，对人类生死这件大事有他独特的见解，能够发人深省，千百年来一直为人所称道。

庄子塑像

故事一：老子长寿，活了一百多岁。老子死时，邻人都来吊唁。老人哭他像哭儿子，年轻人哭他像哭父母。邻人想到老子活着的时候与世无争，大慈大悲，又想到他的大德大恩，一个个都悲不自胜。这时，老子的好友秦佚也来吊唁。他走到老子灵旁，不跪也不拜，只是拱手致意，哭了三声就停下了。当秦佚转身要走时，邻人拦住了他，质问道："你不是老子的好友吗？"秦佚回答说："是啊。"邻人问道："既然是老子的好友，为什么如此薄情少礼，说得过去吗？"秦佚回答说："有什么不妥吗？"邻人听了，由悲转怒，大声责问道："你这样薄情少礼，像话吗？"秦佚笑了笑，回答说："我的好友老子说过：'生亦不喜，死亦不悲。'这话你们可曾听说过？当初老子降生时，由无至有，顺时而来，合乎自然之理，不足为喜；今日老子去世，由有归无，顺时而去，也合乎自然之理，有何可悲呢？生而喜者，是不当

庄子塑像

喜而喜；死而悲者，是不当悲而悲。死是不值得悲哀的，古人认为人死是解除倒悬之苦。油虽然烧尽了，但火种却会传下去，是不会有穷尽的时候的。"邻人听了这段高论，顿开茅塞，连连点头称是。

故事二：周赧王三十五年（公元前280年），庄子病倒了。他的病情一天比一天重，茶水不进，整天昏迷不醒。弟子蔺且对庄子的儿子说："先生这次病势不轻，医药全不见效，这可如何是好呢？"这时，庄子只有这么一个亲人了。儿子见父亲病重，早已哭过好几次了。他见蔺且已经束手无策，便和蔺且开始暗暗为父亲准备后事了。他们买来了木料，雇了木匠，在院子里为庄子做棺椁。院子里叮当叮当的声音吵醒了庄子。他挣扎着起身，走到窗前，看见木匠正在做棺椁。蔺且见庄子醒了，高兴地说："先生，你好些了吗？"庄子问道："这院子里是在做什么？"蔺且回答说："先生一病不起，我们得有个准备。"庄子严肃地说："蔺且，我死后不要厚葬，也不要棺椁，将我抬到荒无人烟的地方，随便一扔就行了。"蔺且吃了一惊，摇头说："这怎么行啊！我们再穷，也要为先生举行隆重的葬礼，以尽弟子的义务啊！"

庄子耐心地解释说："蔺且，你想啊，我在大地上一躺，岂不是以天地为棺椁，以日月为双璧，以星辰为宝珠，以万物为陪葬了吗？要说厚葬，没有比这更厚的了！"蔺且说："将先生往大地上一放，我们害怕乌鸦和老鹰吃你的肉啊！"庄子说："扔在地上，乌鸦和老鹰是会吃我的肉。但埋在地下，蝼蛄和蚂蚁就不吃我的肉了吗？把我的肉从乌鸦和老鹰那里夺过来给蝼蛄和蚂蚁吃，这不太偏心了吗？"

　　故事三：一天，庄子正在河边采葛，见一个老汉愁容满面地走上前来，欲言又止。庄子见老汉有心事，便主动关心地问道："老丈，有话尽管说，不必客气。"老汉说："先生，

荆楚地区风光如画，人杰地灵

救救我的儿子吧。"庄子问道："你的儿子怎么了？"老汉说："我儿子开春以来一直卧病不起，医药无效，群医束手无策。听说先生学问通天，无所不知，因此特请先生到我家辛苦一趟，救救我的儿子。"庄子说："可以试试，但我并不懂医术。救人要紧，咱们快走吧。"庄子随老汉到了他家，见他儿子骨瘦如柴，奄奄一息，双目无神。老汉的儿子见庄子来到他家，想挣扎着坐起身来，但试了两次都没有成功。庄子上前止住他说："好好躺着吧，你哪里不舒服？"老汉的儿子说："我怕……"庄子问道："你怕什么？"老汉的儿子说："我怕再也见不到爹娘了。"庄子一听全明白了，原来这孩子有心病，

安徽蒙城庄子祠景观

必须先治好他的心病，人才能有救。于是，庄子对老汉的儿子说："孩子，你会好起来的，不要胡思乱想。其实，死和生都是自然安排好了的，就像黑夜和白天交替一样，是再自然不过的事。有许多事是不随人的意志转移的，人们无法干预。上天用生来使我们劳苦，用死来使我们安息。我们既然喜欢生，也就应该喜欢死。人们既然认为生是美好的，也应该认为死也一样是美好的，这样才算公平。因此，孩子，你要以正确的心态对待生和死，既然不怕生，就不应该怕死。孩子，你听明白了吗？"老汉的儿子听了庄子关于生死的一席话，恍然大悟，卸掉了心理负担。不久，老汉的儿子竟不治而愈。

河南商丘一景

这是多么精辟的见解啊！无怪乎人们公认庄子是中华民族的国宝。

楚国的诗歌源远流长，大诗人屈原在楚国诗歌的基础上创造出一种新的骚体诗歌，人们称其为"楚辞"。《离骚》是屈原的代表作品，全诗两千四百多字，是我国古典文学中最长的抒情诗。

那时，楚国君昏臣奸，政治腐败，屈原尖锐地抨击了权贵的腐朽没落和苟且偷

东湖屈原行吟阁

安,表现了对国运的关心,如《离骚》中说:"何桀纣之猖披兮,夫唯捷径以窘步。惟夫党人之偷乐兮,路幽昧以险隘。岂余身之惮殃兮,恐皇舆之败绩!"这是说:夏桀和商纣王多么狂妄邪恶,贪图捷径落得走投无路。结党营私的人偷安享乐,他们的前途是黑暗而险恶的。难道我屈原害怕招灾惹祸吗?我是担心祖国覆灭啊!

屈原不辞辛苦地为国家追求探索,寻找出路,表达了对祖国和人民的无限忠贞,洋溢着诗人为崇高理想而奋斗的奉献精神,如《离骚》中说:"朝发轫于苍梧兮,夕余至乎县圃。欲少留此灵琐兮,日忽忽其将暮。吾令羲和弭节兮,望崦嵫而勿迫。路漫漫其修远兮,吾将上下而求索。"这是说:早晨从苍梧出发,傍晚到了昆仑山。我本想在灵琐稍事逗留,但夕阳西下马上就要落山了。我命令羲和停鞭啊,莫叫太阳迫近崦嵫山。前面的道路又长又远,我要上上下下为国家追求探索。

屈原不畏邪恶,刚正不阿,如《离骚》中说:"民生各有所乐兮,余独好修以为常。虽体解吾犹未变兮,岂余心之可惩?"这是说:人生各有各的乐趣,我终生独爱真善美。

屈原故里

即使被肢解了我也不会改变，难道我的信念是可以挫败的吗？

《离骚》在艺术上风格独特，采用了夸张手法与比兴手法，是积极现实主义与浪漫主义高度结合的杰作。

《离骚》开创了楚辞创作的新途径，奠定了楚辞的历史地位，因此后人称楚辞为"骚"，与我国第一部诗歌总集《诗经》并重，对后代文学影响深远。

鲁迅曾说：《离骚》"较之于《诗》，则其

言甚长，其思甚幻，其文甚丽，其旨甚明，凭心而言，不遵矩度。故后儒之服膺诗教者，或訾而绌之，然其影响于后来之文章，乃甚或在三百篇以上"。鲁迅认为在中国文学史上，《离骚》对后世的影响在《诗经》之上。

（四）音乐

楚人的先祖祝融身为火正，同时还是一个音乐家。他经常在高山上奏起感人肺腑、悠扬动听的乐曲，使百姓精神振奋，情绪高昂地从事农业生产，对生活充满热爱。

古时礼乐并称，礼非乐不行，乐非礼不举。国之大事，在祀与戎，祭祀时必有乐舞。

音乐是教育不可或缺的组成部分，为礼、乐、书、数、射、御六艺之一。音乐并非单纯的娱乐，而有着多方面的重要意义。

楚人豪迈开放，常常用音乐娱神娱己，不受任何束缚。

中国古代根据制作乐器的材料之不同，将乐器分为八类，即金、石、土、革、丝、木、匏、竹，统称八音。楚国的音乐文化十分发达，已形成完整的八音体系，可谓八音俱全。

"金"指用青铜铸造的乐器，主要是钟，其次有钲、铙、钹等；"石"指石质乐器，

八音之中，楚人对钟"情有独钟"

主要为编磬;"丝"指弦乐器,如琴、筝、瑟等;"竹"指竹类乐器,如排箫、篪等;"土"指土质乐器,如埙等;"木"指木类乐器,如柷等;"匏"指葫芦类乐器,如笙等;"革"指皮革类乐器,如鼓等等。

八音之中,楚人最钟爱钟。中原各国以鼎为重器,以之作为王权的象征,但楚国的重器却是钟。周敬王十四年(公元前506年),伍子胥率吴师攻入楚国郢都,曾击碎九龙之钟,因为钟象征楚国的王权。

曾侯乙尊盘

楚人酷爱音乐,音乐在楚国享有崇高的地位。楚国设有掌管音乐之官,称为乐尹,与令尹只有一字之别。楚国司乐之官的地位在春秋诸国中是最高的,乐尹钟仪曾出任郧县的行政长官,即郧公,其权力可与诸侯相比,后来娶楚昭王之妹为妻。

楚人创造了独具特色的楚文化,其中音乐文化堪称中华民族文化中的一颗璀璨的明珠。楚人举国上下,从楚王到百姓无不酷爱音乐。楚国既有阳春白雪,又有下里巴人。

楚王爱好音乐出于天性,一是为了满足生活需要,二是为了移风易俗,维护统治秩序。音乐能动人心魄,移性立志,使

荆楚地区出土的文物

善人发奋，使恶人向善，有利于国家的安定团结。

楚人在音乐领域取得了光辉的成就，曾侯乙编钟上有铭文两千八百多字，记录了曾、楚和华夏各国音乐的律名、阶名、变化音名的相互对应关系，涉及音阶、调式、律名、阶名、变化音名、旋宫法、固定名标音体系、音域术语等诸多方面，反映了楚国音乐的高度发展水平。

伯牙摔琴的故事就发生在楚国：钟子期是琴圣伯牙的知音，钟子期死后，伯牙终身不复弹琴，成为传世佳话。武汉龟山的琴台就是后人为追念这两位先人而修建的。

"阳春白雪"和"下里巴人"的故事也发生在楚国，说明楚国是音乐之邦，在音乐发展中允许雅俗并存，楚人具有开阔的胸襟和夷夏一体的开放精神。

楚国盛行巫舞，巫舞是一种宗教舞蹈，在楚国一直长盛不衰，而巫舞的灵魂就是音乐。屈原创作的《九歌》生动地反映了巫舞的各个方面。

楚国宫廷乐舞场面大，阵容不凡，十分豪华，是在来自民间的舞蹈基础上加工升华而成的，具有很高的艺术价值。

五、荆楚社会制度文化

（一）官制

商末周初，楚国在江汉流域建立起来，标志着楚国社会制度已经从氏族制进入早期奴隶制了。

早期奴隶制的特点是血缘关系与等级关系结合在一起，楚国的国君既是一国之主，又是楚族一族之长。

从鬻熊开始，楚国国君的继承制度确立了，一般是父死子继，也伴以兄终弟及。

楚国国君牢牢掌握了最高统治权，集政权、族权于一身，已不再是民主推举出来的氏族首领或军事首领了。

楚国国君下设百官，但在春秋早期只有莫

楚国古寨城遗址

敖这一官称，相当于出将入相的大司马。

楚武王四十二年（公元前 699 年），莫敖屈瑕带兵讨伐罗国，因轻敌致败，畏罪自杀。此后，莫敖的地位开始下降了。

楚武王五十一年（公元前 690 年），楚王设置令尹一官。令尹是楚国最高级的官称，手掌军政大权，相当于相国。吴起便曾官至令尹。

令尹的副手为左尹和右尹。

令尹之下是司马，战时统兵打仗，平时掌管军赋和装备。

楚国古寨城遗址

左徒地位相当重要，与中原各国司徒相当，入则与楚王商议国事，发布号令；出则接待外宾，应对诸侯。楚人有尚左的习惯，故称司徒为左徒。屈原在楚怀王时曾担任左徒。

司败是掌管刑罚狱讼的官，相当于中原各国的司寇。

师和太师是负责教育王子的官，无实权。

屈原曾担任过的三闾大夫，是楚国特有的职官名称，掌管王族昭、景、屈三姓子弟的教育。

楚国的史官称左史，精通《三坟》《五

典》《八索》《九丘》。

专司占卜吉凶的官称卜尹，也称卜师，是大夫一级的官。

此外，掌管宫廷乐律的官员称乐尹，为楚王掌管养马之事的官员称宫厩尹，管理后宫的官称司宫，由阉人担任。

楚国是我国古代最早设县的国家，县的长官称县公，后来也有称县尹或县大夫的。

县公下设县司马，掌管一县的武装，有如后世的县尉。

楚国县的行政长官由中央任免，县的军事力量和财政收入由中央统一控制，县的军队由中央统一调动。

楚国货币

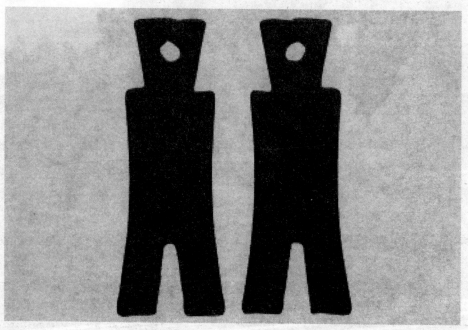

楚王的大臣或为楚王出力，或为楚王出谋划策，建立起以王为首，王、贵族、官僚三位一体的奴隶主贵族专政的政治体制，对内统治，对外扩张。这对楚国的强大起了重要作用。

（二）封邑制、郡县制、封君制

历代楚王不断率兵出征，开疆扩土。对已征服的国家，楚国仿照周制，实行封邑制进行统治。

西周初期，熊渠曾分封三个儿子于长江之滨。后来，历代楚王常常封给贵族一些土地。这些贵族是世袭的，在自己的食邑内有充分的统治权力，既可以收取田税，又可以奴役人民。王在贵族的食邑内无权直接干预，只能按贵族

楚国镂空铜镜

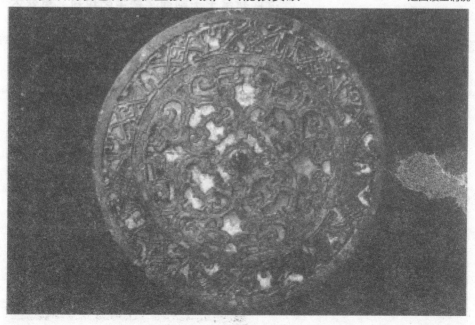

曾侯乙墓出土的楚国器物

的等级征收一些贡赋。

这些封邑大大削弱了楚王的权利，显然不利于中央集权。

楚武王开始在征服的土地上设县，这是楚国历史上一件大事。县对楚国的崛起与强盛曾起过巨大的作用。

首先，设县加强了君主专制，削弱了世袭贵族的势力。县的长官一般仍由贵族担任，但已不封土地。楚王直接掌握县，在各县建立军队，作为国家军队的一部分。陈、蔡、许、叶、申、息之师就是以县为单位建立的楚国地方部队，其中尤以申、息之师最具战斗力。他们南征北战，为楚王的霸业立下了汗马功劳。

楚康王时，在全国范围内清查土地，摊派军赋，保证了军队的供应，使其立于不败之地。当时，如果没有国家直接控制的县，清查工作是无法进行的。

后来，楚国迅速崛起，饮马黄河，北征中原，靠的就是各县源源不断提供的物力和人力支援。

楚国首创设县制，是政治制度的一次重大改革，标志楚国奴隶制的重大发展。不幸的是，楚国后来又推行了封君制。封君制是从封邑制演化而来，也是世袭的，只是名号不同了，如楚国末年的春申君。

楚国的封君制始于春秋中后期，至楚惠

精美绝伦的楚国器物

荆楚风光

王（公元前 488—公元前 432 年）时，封君制已经很盛行了。封君越来越多，权势越来越大，成为楚国肌体上的一个个毒瘤。与县制相反，楚国末年推行的封君制对楚国政治和军事造成了极大地破坏，是严重的政治失误。

封君的封地大都设在楚国的腹地或战略要地，控制了楚国的经济和军事命脉，严重地削弱了楚国的征战能力，国家再也没有能力动员和组织军队去抵御强秦的进攻了。

封君在封地内拥有绝对的政治、经济和军事特权，俨然是一个独立王国，严重地削弱了国家的统一性。封君左右楚国政局，干预王室，

楚国玉璧

甚至夺取政权。

后来，吴起的改革就是针对这些封君的，结果反被封君所杀，可见封君的势力是根深蒂固的。楚国末年，封君的权力日益膨胀，楚国已经名存实亡，成了封君的天下。

（三）公子政治

任人唯亲的用人制度导致政治上的保守和落后，是荆楚社会的致命弱点。

春秋时期，晋国为了加强中央集权和推行改革，大刀阔斧地消灭公族，尽灭群公子，而楚国却开始了公子政治。

楚国在建国之初，曾任用若敖氏之族执政，如斗伯比、子文等。后来，若敖氏之族骄纵跋扈，发动叛乱，被楚庄王灭族。

从楚庄王起，楚国开始任用王室公子担任令尹、司马、县公等要职。如楚共王在位时期任用的三个令尹：子重、子辛是楚庄王之弟、楚共王之叔，子囊是楚庄王之子、楚共王之弟。

从楚庄王开始到春秋末年，在楚国十七位令尹中，有十二个是王室公子。楚国的令尹相当于其他国家的相国，一人之下，万人之上，手中握有实权，足以左右国家的命运。

另外，司马一职主要也由公子担任。如楚庄王的司马子反即公子侧，楚共王的右司马即

荆楚地区出土的弓箭

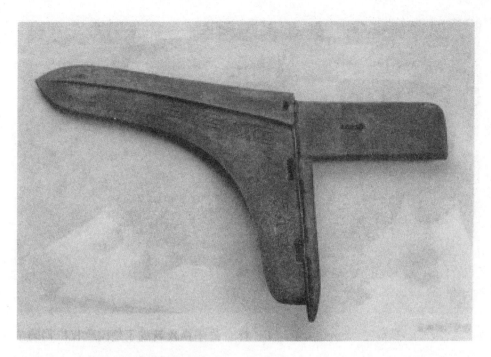

公子申，楚康王的司马即公子奇。 　　荆楚地区出土的兵器——戈

　　楚国王室公子还被派往重要的县去做县公，如陈、蔡两国灭亡后，楚灵王任命宠弟公子弃疾为陈蔡公。

　　楚王任用自己最亲信的王子或宠弟协助执政，渐渐形成了以王室公子为主的政府统治集团。

　　战国时期，楚王任用昭、屈、景三大族执政，昭、屈、景是楚国王族的分支。这样，公子执政就成了楚国政权机构的主要形式。

　　顷襄王即位后，任命他的弟弟子兰担任令尹，子兰就是陷害屈原的元凶。

曾侯乙铜冰鉴

楚国执政集团由楚国王族组成，作为政府集团的主干，他们采取了打击他姓世族的政策，对楚国政治产生了强烈的影响。

楚国公子政治强有力地支持了王权，抑制了他姓世族的势力，促进了王族的发展，使楚国政权始终控制在楚王室手中。但物极必反，最后，公子政治葬送了楚国。

公子执政是一种落后的任人唯亲的制度。公子执政压制他姓世族，甚至将其灭族，致使被打击的贤臣大批逃往敌国，为敌国出谋划策，给楚国以致命的打击。

周简王元年（公元前 585 年），晋国靠外逃楚臣析公大败楚军，使楚国失去臣服楚国的

今日的荆州城

华夏诸国。

周简王十一年（公元前 575 年），晋国靠外逃楚臣雍子大败楚军，使楚国失去了臣服楚国的东方诸国。

周敬王十四年（公元前 506 年），从楚国外逃的伍子胥为报杀父杀兄之仇，亲率吴军攻入郢都，对楚平王掘墓鞭尸。楚昭王先奔郧城，又奔随国，

荆州古城墙

楚国几乎灭亡。

　　这些都是楚国任人唯亲，打击异己的政策所导致的严惩恶果。

　　楚国王室贵族执政，贪污腐化，盘剥百姓，致使盗贼遍野，国内大乱。

　　而与此同时，其他各国的政治改革都先后成功了。如秦孝公任用商鞅变法，使秦国迅速崛起，无敌于天下。

　　楚国任人唯亲的贵族政治在形成初期，曾对加强王权、开疆拓土起了促进作用。但随着时代的发展，贵族政治成为楚国发展的

荆州古城一景

严重桎梏。

楚国贵族因循保守，不思进取，为了既得利益，顽固地推行其贵族政治，使在七雄中原本最为强大的楚国江河日下，再也不能力挽狂澜，最终还是亡国了，但这次不是亡于外逃的楚臣之手，而是亡于靠改革强大起来的秦国。

六、荆楚民俗文化

旧石器时代，人们对日、月、云等自然现象和自然物产生了自然崇拜

（一）尊巫卜、重祭祀

随着经济、文化的发展和社会的进步，原始宗教渐渐演变为"人为的宗教"。

人类的宗教观念萌生于旧石器时代晚期，源于蒙昧时代的狭隘愚昧的观念。那时，生产力低下，人类的思维能力处在低级阶段，对自然现象不能正确理解，于是自然界被神化了。

那时，日、月、云等自然现象及动、植物等自然物开始受到人类的崇拜，从而产生了拜物教，即最原始的宗教观认为万物是有灵的，是它们在掌握着人类的命运。

古老的荆州城

　　进入新石器时代后，随着母权制的确立与发展，由生殖崇拜而产生对祖先的崇拜，敬鬼神之风也随之而起。

　　到了颛顼在位时，氏族制逐步瓦解，军事首领开始享有绝对的权威。这时，在信仰方面需要有统一的神祇了。由于生产力水平有了相当程度的提高，人类的社会分工也更加细致，于是专门从事宗教活动的男觋和女巫便从人类群体中分离出来，成了沟通神和人的特殊阶层。从此，原始社会时的自发宗教渐渐变成了人为的宗教。

楚人祭祀的地祇是楚国境内的江河，它们代表着楚国的社稷

楚国巫风盛行，充斥着统治者的心愿与意志。

宗教信仰是多元的，包括天神、地祇和人鬼。天神指日月星辰，地祇指山岳河海，人鬼指祖先。

楚人对天的崇拜是有具体对象的，如太乙、东君、云中君等是他们要祭祀的。

楚人祭祀的地祇是楚国境内的江河，指江、汉、睢、漳等。它们代表着楚国的社稷。

楚人对祖先是十分敬重的，丝毫不能大意。楚人奉祝融和鬻熊为先祖，对他们恭敬备至。

荆楚文化

有一年，楚人听说夔国君主不祭祀祝融和鬻熊，便告到楚成王那里。楚成王立即加以谴责，后来出兵攻灭其国。

此外，高辛氏、轩辕氏也是楚人信奉的对象。

楚人崇巫，认为巫神通广大，能通天地、交鬼神，是一些超越凡人、具有特殊秉赋的智者。楚巫不仅从事宗教活动，还拥有丰富的科学文化知识和参与政治的本领。在交结诸侯、参与国事中，也能发挥重大的作用。如楚昭王时的观射父既是一位大巫师，也是一位参与政事的大夫，地位极为显赫，被楚

荆州樱花盛开时节

荆楚民俗文化

人奉为第一国宝。

楚人重占卜，占卜是巫的职责，有专为国家社稷占卜的卜尹。国君遇有大事，都要进行占卜。国君在确定继承人或选官用人时，也常常占卜。

祭祀是宗教活动的基本内容和形式，统治阶级及被统治的庶民有不同的祭祀对象和牲牲。楚王要祭祀天地、三辰及境内山川，卿、大夫、士和庶人祀其祖。等级不同，牲牲也要有区别。当时规定楚王祀以太牢，卿祀以特牛，大夫祀以少牢，士祀以特牲，庶人祀以鱼。楚国严格规定按照商、周以来的宗教制度和周礼的思想来规范祭祀活动，用以维护奴隶主贵族

每逢祭祀，楚王都要祭祀楚国境内的山川

的统治。

楚国宗教作为一种意识形态和上层建筑，是和礼制紧密地结合在一起的。楚国直接承继"圣人以神道设教"的思想，强调宗教活动在于教化百姓，巩固奴隶主贵族的统治秩序。

楚王认为民众对神虔诚，对贵族统治也就会服服帖帖；用宗教约束宗亲贵戚、名臣大族，就能安定奴隶主贵族的统治；楚王亲自主持祭祀，身体力行，就能做到人人敬神。

当时，在中原各国敬天尊神思想逐渐削

荆州城历史悠久

弱，理性精神开始抬头的情况下，楚人仍能敬神尊祖，不能不说是楚国政治生活和宗教活动的一大特色。这种神道设教思想不仅教化民众服从统治，而且又对以王为首的各级贵族提出了严格的要求，在一定程度上具有约束作用。从这点看，对国家的安定确实是有作用的。

楚人敬鬼尊神，沟通人和鬼神的大事必然有人为之，因此楚国巫卜之风长盛不衰。

由于楚巫不同于后世害人的滥巫，他们都是一些掌握科学和文化知识的人，还精通医术，所以对科学文化的发展曾起过积极的作用。

楚国男子服饰

（二）衣、食、住

楚人的衣着不像现代人有上衣和下衣之分，而是身穿深衣。所谓深衣，类似现代的连衣裙。深衣本是先秦时的中原服式，也是楚人的主要着装。

古代文献中所说的绔是"胫衣"，即穿在两腿上的套筒，与现代的裤子差别不大，两裆不相连，但在腰背处开衩，类似现代儿童穿的开裆裤。因为绔有开衩，所以虽能防腿部受寒，却不能遮羞。因此，楚人在绔上要加穿裙子。绔是裤子的雏形，裙子的实用功能是遮羞，而不能御寒。

长袍是长及脚面并絮有丝棉的冬季服饰，与深衣的区别在于深衣是曲裾，长袍为直裾。直裾长袍是楚人在深衣基础上创新的一种新的民族服装。

楚冠有獬冠、高冠等。獬冠前高后低，模仿獬角形。楚文王喜欢戴獬冠，楚人竞相效仿。高冠高耸于头顶，被楚人称为切云冠。屈原常戴这种高冠，楚人遂以头戴高冠为荣。

楚人除戴冠外，还戴帻，帻是束发用的头饰。

服饰是衣裳的有机组成部分，有佩剑、佩玉、花佩及带钩。

楚国女子服饰

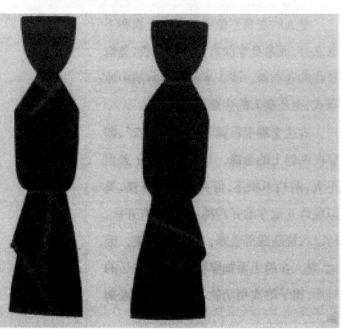

荆楚文化

流传至今的楚国古剑

　　佩剑是男性的主要服饰，与楚人尚武风俗有关。剑既可防身，又可杀敌。有的佩剑纯属装饰品，如玉剑之类。

　　有时，佩剑带有宗教意义，如女巫降神时要佩剑，目的在于驱邪。

　　青年男女喜欢用花草作佩饰，除起装饰作用外，还可以用花草的香气避邪，有时还可以用花草相赠，作为男女相悦的媒介。

　　楚国青年女子喜欢佩饰用花草研末后制成的香囊，成为南国时尚。

　　饮食文化是文化和风俗中最能反映一个民

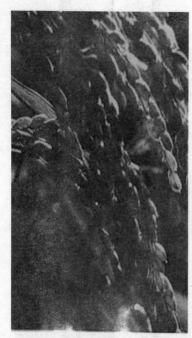

楚国人以稻米为主食

族或一个地区特色的一种特殊文化。

楚人在饮食结构上可分为饭、馐、膳、饮四大类。

饭是主食，楚人以稻米为主食，有籼米、粳米、黏米、糯米四种。此外还有小米、粟、黍、大豆、小豆、大麦、小麦等粮食品种。由于地域不同，粮食在食用上有主有次，楚人以稻米为主，而中原地区则将粟、麦放在第一位。

馐是用谷物制成的甜食和点心，既能增加食欲，又便于携带，如用蜜糖和米面制成的糕点称"粔籹"。

膳指用肉类和蔬菜制成的菜肴，品种繁多。

兽肉有牛、犬、羊、猪、野兔、梅花鹿等。

鱼肉有鳜、鲫、鲤、鲢、鳙、刺鳊、银鲴等。

禽肉有鸡、鸭、雁、鸳鸯、雉、鹤、斑鸠、喜鹊、麻雀、竹鸡等。

蔬菜有芋、芥、菘、旱芹、水芹、冬葵、冬苋菜、菌等。

此外，瓜果有藕、土瓜、荸荠、菰粱、茭笋、茭白、茭瓜等。

调味的有生姜和小茴香等。

楚人重鱼，常把鱼肉同熊掌相比。楚人

荆州古城一景

食鱼方法多种多样，有煎、炸、蒸、煮、调羹等。

楚地气候炎热，鱼容易变质腐烂，人们常将鱼宰杀去掉内脏，晒干或焙干后保存起来，称之为"枯鱼"。

鸡是楚人筵席上最受欢迎的菜肴，楚地有"无鸡不成席"之语。

楚人饮料包括各类酒、浆、水和稀粥。

楚人嗜酒善酿，酒的种类很多，香茅酒最具特色，还有瑶浆、琼浆、清酒等。

楚国建筑属于建筑范畴的干栏文化，是以木结构为主的建筑体系，注重与自然的高度协调，尊重自然，体现了天人合一的境界。

木材轻巧，坚韧，易于加工，成为楚国建筑的首选材料。楚国地大物博，木材资源丰富，而石材成本太高，不易开采，难于加工，因此选择木材是必然的。

楚国建筑类型丰富多彩，包括宫殿、地下宫室、离宫、宗庙、公府、馆阁、亭榭、坛、祠、舞台等。

楚国建筑重视人与自然的融合精神，如楼阁都很宽敞，与自然亲近，内外渗透。

又如：运用水平方向的层层屋檐和环绕各层的走廊栏杆，以削弱体型上的孤高之感，使之时时俯临大地。

又如：屋面、屋脊、装饰局部的曲线优

出土的楚国车轴

荆楚民俗文化

美自然，仿佛镶嵌在大自然中，是天地的一部分。

楚国建筑注重与自然高度协调，在城邑、村镇、陵墓、住宅的选址和布局上，都能尊重风水学，院落组群的布局十分合理。

楚国建筑的屋顶一般都很大，显得刚健质朴。人字型的屋顶造型既扩大了室内的空间，又利于排水，是楚国劳动人民智慧的结晶。

楚国建筑中的木构件斗拱十分精美，不用一钉，全靠插接而成，结合得天衣无缝。这种源于南方古老的干栏式建筑中的榫卯结构，不但系列完备，而且技术先进，为后人树立了楷模，如黄鹤楼、岳阳楼、滕王阁等驰名建筑，与其都是一脉相承的。

相传章华寺原为楚灵王六年（前535年）所建的章华台旧址

荆楚文化

建筑奇葩黄鹤楼与楚国建筑
一脉相承

（三）崇尚

1. 崇拜凤凰

凤凰是楚国先民的图腾，是孔雀、鹰、雕、雉、鹤、燕等几种动物的综合体。在楚人心目中，凤凰是一种通天的神鸟，只有得到它的引导，人的灵魂才能周游八极，飞登九天。

楚人崇拜凤凰，认为凤凰是真、善、美的象征。在楚人的图案中，凤凰的形象雍容华贵，轻盈秀美，伟岸英武，飞扬灵动。鹿、虎、龙等这些一般人看来高贵的形象，都成了凤凰的陪衬。

楚人认为凤凰不但是通天的神鸟，而且还是先祖的化身，它无处不在，无时不在。它在

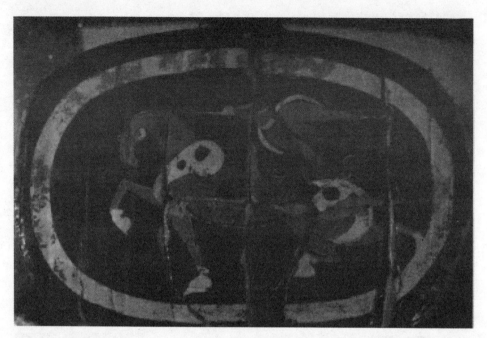

云梦睡虎地出土的漆壶彩绘马

注视着后代子孙的成长，时时处处在护佑着他们。

2. 尚赤

楚人崇尚红色，在生活用具、建筑、军事、服装、漆器、餐具、烹饪中都喜欢采用红色。

楚人的战旗是红色的，淮阳车马坑出土的多面战旗颜色全是火红的。

楚王的朝服是红色的，楚王的王袍也是红色的。

漆器的内部均采用朱红或暗红漆彩绘，十分艳丽夺目。

楚人烹制菜肴时也喜欢采用红色，有"红烧""酱烧"等名菜。

楚人尚赤，是因为楚人的祖先祝融是火正。

火焰是赤色的，楚人尚赤是尊祖重祖的表现。

斑驳的荆州古城墙昭示着漫长而悠久的荆楚历史

3. 尚武

楚国举国上下以尚武闻名，人人英武果敢，神勇善战。

楚人的尚武精神是被逼出来的。楚国地处蛮荒，荆棘丛生，猛兽出没。为了生存发展，楚人不得不披荆斩棘，射虎斩蛇。这是形成楚人尚武风气的原因之一。

楚人建国前，屡遭商、周统治集团的征伐，受到残酷的大屠杀。为了保卫家园，保护妻儿老小，楚人必须敢于拼杀，不能坐以待毙。

楚国尚武，每个楚王都能身体力行。这也是身为楚王的必备条件之一。

荆州古城石桥

楚国开国君主熊渠勇力过人，曾把一块白石看成一只白虎，射了一箭，连箭头都射进石头里去了。

楚武王一生是在征鞍上度过的，年过古稀时仍抱病出征，最后为国捐躯，死在战场上。

楚共王亲自披挂上阵，冲在前面，勇过三军。在一次战斗中，他被晋军射伤一目，仍镇定自若。

楚共王大力士叔山冉力能扛鼎，能徒手搏虎。有一次楚军受挫，晋军追了上来。叔山冉自告奋勇，只身殿后。他迎敌而上，扑向追赶的晋军，抓起一名晋军士兵当武器，投向晋军的指挥车，把车前的横木击断。晋军见状，无不骇然，立即停止追击，楚军得以安然退兵。

楚国臣民积极奉行尚武精神，个个视死如归。

楚虽三户，亡秦必楚。秦末，楚人揭竿而起，以大无畏的精神与数倍于己的强大秦军血战，终于推翻了暴秦的残酷统治，楚人的尚武精神创造了历史，谱写了历史的新篇章。